Sprech´ alles aus

Verum investigare!

Autorin / Cover / Bilder

Tanja Feiler

Erinnerung an das Interview mit Alien

Vor einigen Monaten hat Alien seinen WG BewohnerInnen, den Cute Pets, seine Biographie, Forschung und wissenschaftliche Studien im Rahmen eines Interviews erzählt. Die WG Bewohner und Bewohnerinnen sind inzwischen alle Freunde – haben viel zusammen erlebt. Da sie einmal wöchentlich mit Sammy chatten, der nicht mehr in der WG wohnt, jedoch vor kurzem zu Gast war, haben es sich die Cute Pets angewöhnt, einmal wöchentlich eine Gesprächsrunde – jedoch ohne digitale Medien – bei Süssigkeiten und heißer Schokolade (wenns zu heiß ist bei Limo und Eis) abzuhalten. Alien geht es seit seinem Interview viel besser, es hat dazu geführt, dass die Pets nicht nur Künstler, Autoren und Musiker sind, sondern auch Wissenschaftler, die Neues berichten. Ein ganz

großer   Zettel
hängt in der WG:

Samstag, 15 Uhr

Heute spricht Michelle, die Maus über ihr Leben. Bald werden Michelle und X heiraten. Michelle hat genau wie damals Frau Feiler, die das Manuskript eines Mannes erhalten hat und es zur Pflichtlektüre in der Ausbildung ihrer Schülerin machte – so hat Michelle die Bilder von X gesehen – sie war tief bewegt. Doch genau wie Alien wurde auch ihr zukünftiger Mann bereits in der Kindheit bitter

seelisch verletzt –
niemand da, dem
er vertrauen
konnte – so hat
sich X alles selbst
erarbeitet, immer
anderen geholfen.
Es fällt X schwer,
zu vertrauen.
Genau wie sein
Kollege Alien kennt
er den Zustand,
wenn Geist – Seele

und Herz im Einklang sind. Alien zum Beispiel hat einen Raum mit streitenden Menschen betreten, die plötzlich sich wieder freuten. Michelle ist bei ihren Großeltern aufgewachsen, was sie jedoch erst mit 12 Jahren durch

Zufall erfahren hat. Auch sie hat sich immer für andere eingesetzt, viel gelesen in ihrer Kindheit, brav zur Schule gegangen und hat sich bereits als Teenie um ihre kranken Angehörigen gekümmert. Die ersten drei Monate ihres Lebens kennt Michelle aus einer Akte – wäre sie bei ihren Eltern aufgewachsen, dann wäre sie wohl auch bei Sammy gelandet, der sich um Heimkinder kümmert. Während Michelle ihre Kindheit in der Schule, dem Helfen anderer, der Familie und mit Lesen verbracht hat, hat X in einem riesigen Waldgebiet mit Gleichaltrigen gespielt. Traumatisches Elternhaus, Scheidung der Eltern, was das Aus bedeutet hat für irgendeine

Vorstellung, welchen Beruf X ergreifen könnte. Dabei ist er hochbegabt, in der Lage, mit einer Perfektion zu arbeiten, dass bis heute einer seiner Lehrer der Meinung ist, er habe das Werkstück mit der

Maschine gemacht, nicht per Hand.

X wurde von GOTT geschickt – und hat Michelle die Welt gezeigt, sie stets beschützt – gefördert – befreit aus der Dunkelheit. Autoren, Musiker und Künstler kennen meist technisch nicht leicht nachzuvollziehende Phänomene, sind sensibel und hellhörig. Und so beginnt Michelle zu erzählen:

Hallo ihr Lieben. Wir sind alle inzwischen eine große Familie, Kitty hat mir verraten, dass sie ihre

Familie, Herrn und Frau Feiler gefragt hat, ob die beiden zu uns ziehen. Das Therapeuten – Autorenpärchen würde gut zu uns passen. Vor allem sind die beiden seit 13 Jahren verheiratet, X und ich werden erst heiraten. Ihr habt

zum Glück alle das
Buch gelesen, in
dem ich der
ganzen Welt
erzähle, welche
Sünden ich
begangen habe –
zu was Freiheit
führen kann...X
sagt immer,
sprech alles aus,
das tue ich. Doch
über uns hängt

eine Wolke des
Zweifels – es ist
viel geschehen –
während ich am PC
arbeite und mich
bewusst soweit es
möglich ist vom
sozialen Netz
fernhalte,
schreibe, ist X als
Künstler
mittendrin, hilft –
und vergisst sich

selbst oft dabei. Überall „spukt" es auf eine Art, die X belastet. Warum vertraust Du mir nicht? Erinnerst Du Dich an die Stundenlangen Gespräche, das Forschen...Zielklar heit ist wichtig, wie Du hasse ich auch Geheimnistuerei.

Gott macht keine Fehler – ich sage die Wahrheit – und liebe Dich.

Applaus für Michelle

X schließt seine Frau in die Arme und alle applaudieren. Kitty plant die Hochzeit – und so wie es aussieht, werden die Feilers in der Cute Pets WG einziehen...

www.ingramcontent.com/pod-product-compliance
Lightning Source LLC
Chambersburg PA
CBHW050918290526
45792CB00002B/799